중1 때 과학쌤이셨던 글리슨 선생님,
문제집에 낙서 좀 하지 말라고 그러셨죠?
제가 지금 어떻게 됐나 봐 주세요!

문제집에 낙서하는 저를 보고도 잔소리하지 않으셨던
부모님께 그저 감사합니다.

A DOODLE A DAY KEEPS THE STRESS AWAY: QUICK CREATIVITY FOR INSTANT CALM
Illustrations and text copyright © Tamara Michael, 2023
First published as A DOODLE A DAY KEEPS THE STRESS AWAY in 2023 by Pop Press, an imprint of Ebury Publishing. Ebury Publishing is part of the Penguin Random House group of companies.
No part of this book may be used or reproduced in any manner for the purpose of training artificial intelligence technologies or systems.

Korean translation copyright © 2025 by Knomad
Korean translation rights arranged with PENGUIN BOOKS LTD through EYA Co., Ltd.

이 책의 한국어판 저작권은 EYA Co., Ltd를 통한 PENGUIN BOOKS LTD 사와의 독점계약으로 ㈜지식노마드가 소유합니다.
저작권법에 의하여 한국 내에서 보호를 받는 저작물이므로 무단전재 및 복제를 금합니다.

낙서, 감정의 과속방지턱

지은이 타마라 마이클
옮긴이 지식노마드 편집부

1판 1쇄 인쇄 2025년 6월 25일
1판 1쇄 발행 2025년 7월 4일

펴낸곳 (주)지식노마드
펴낸이 노창현
본문 및 표지 디자인 박재원
등록번호 제313-2007-000148호
등록일자 2007. 7. 2

(04032) 서울특별시 마포구 양화로 133, 1201호(서교동, 서교타워)
전화 02) 323-1410
팩스 02) 6499-1411
블로그 https://blog.naver.com/knomad
이메일 knomad@knomad.co.kr

값 9,800원
ISBN 979-11-92248-35-6 13650

* 이 책 내용의 전부 또는 일부를 이용하려면 반드시 저작권자와 (주)지식노마드의 서면 동의를 받아야 합니다.
* 잘못 만들어진 책은 구입하신 서점에서 교환해 드립니다.

불안이 선을 넘지 않도록 나를 다독이는
예술가의 낙서 노트

낙서, 감정의 과속방지턱

타마라 마이클 지음

nomad
지식노마드

이 책을 선택했다면 아마 당신은 둘 중 하나일 거예요. 그림 그리기를 좋아하는 사람이거나 번아웃된 상태라 쉼이 간절한 사람이거나. 이도 아니면 그저 호기심에서 집어든 거겠죠. 어떤 이유든 좋아요. 이 책을 만났으니까요. '나는 그림과는 아무 상관 없는데 괜찮을까?' 혹시 이런 생각이 드나요? 이 책은 아티스트나 예술 평론가, 미술 전문가를 위한 게 아니에요. 업무에서, 일상에서, 사람 사이에서 받은 스트레스로 심신이 지친 사람을 위한 거예요.

어렸을 적 스케치북, 벽, 책을 가리지 않고 내 멋대로 그림을 그렸던 때를 기억하나요? 색칠놀이는 어떤가요. 선 밖으로 색이 삐죽 튀어나와도 즐겁기만 했죠. 눈치볼 것도 신경쓸 것도 없고 나 자신조차도 잊었던 시간이었어요. 이때의 자유로움과 평온과 쉼을 다시 느끼고 싶지 않나요? 스마트폰·컴퓨터·텔레비전 화면에서 벗어나 잠시라도 고요한 시간을 갖고 싶지 않나요? 종이 위에 무언가를 그리고 끄적였던, 그 사각거리는 느낌이 그립지 않나요? 그렇다면 이 책 아무데나 열어 보세요. 자유롭게 그림을 그릴 수 있는 세계로 초대받을 거예요. 낯설지만 멋진 제안을 받게 될 텐데, 그대로 해 보세요. 스트레스와 불안은 저멀리, 어느새 당신과 그림만 남을 거예요.

무슨 일이든 시작이 가장 어려운 법이죠. 깊이 생각하지 말아요. 그냥 그려 봐요. 누구에게 보여줄 것도 아니잖아요. 당신이 준비할 건 약간의 시간과 작은 공간이에요. 그런 다음 조용한 음악을 트는 거죠. 이걸로 낙서 준비는 다 끝난 거예요. 매일 일정 시간을 정해 이 책과 함께해 봐요. 좋은 마음챙김 습관이 생길 거예요.

낙서 효과

스트레스는 건강에 가장 대표적인 적이에요. 탈진, 번아웃, 면역력 저하를 일으키죠. 낙서 관련 초기 연구결과에 따르면 낙서를 하면 뇌에 보상시스템이 활성화되어 몸 속 스트레스 호르몬을 줄일 수 있어요.

예술은 무의식에 억압되어 있는 복잡한 감정과 정서를 감지하도록 도와준대요.

그림 그리기가 기억력을 향상시킨다는 연구결과도 있어요.

그림 그리기는 특정 문제, 실수, 걱정을 곱씹는 괴로움에서 벗어나게 하고 원치 않는 생각을 차단하는 데 도움을 줘요.

낙서 도구

딱히 도구랄 게 없어요. 연필만 있어도 되요. 물론 원하면 색연필, 크레파스도 상관없어요. 잉크펜이나 형광펜을 사용할 분은 이 책 맨 마지막 페이지에 슬쩍 테스트해 보세요. 종이질과 잘 어울리는지 말이죠.

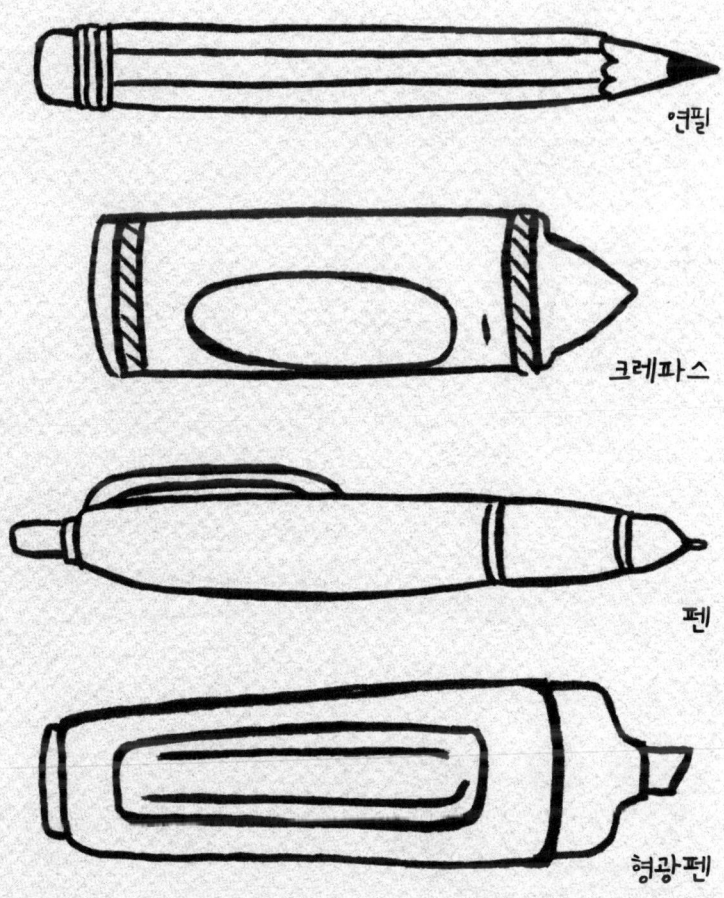

연필

크레파스

펜

형광펜

패턴 소개

낙서하는 데 도움될 만한 몇 가지 패턴을 소개해요.

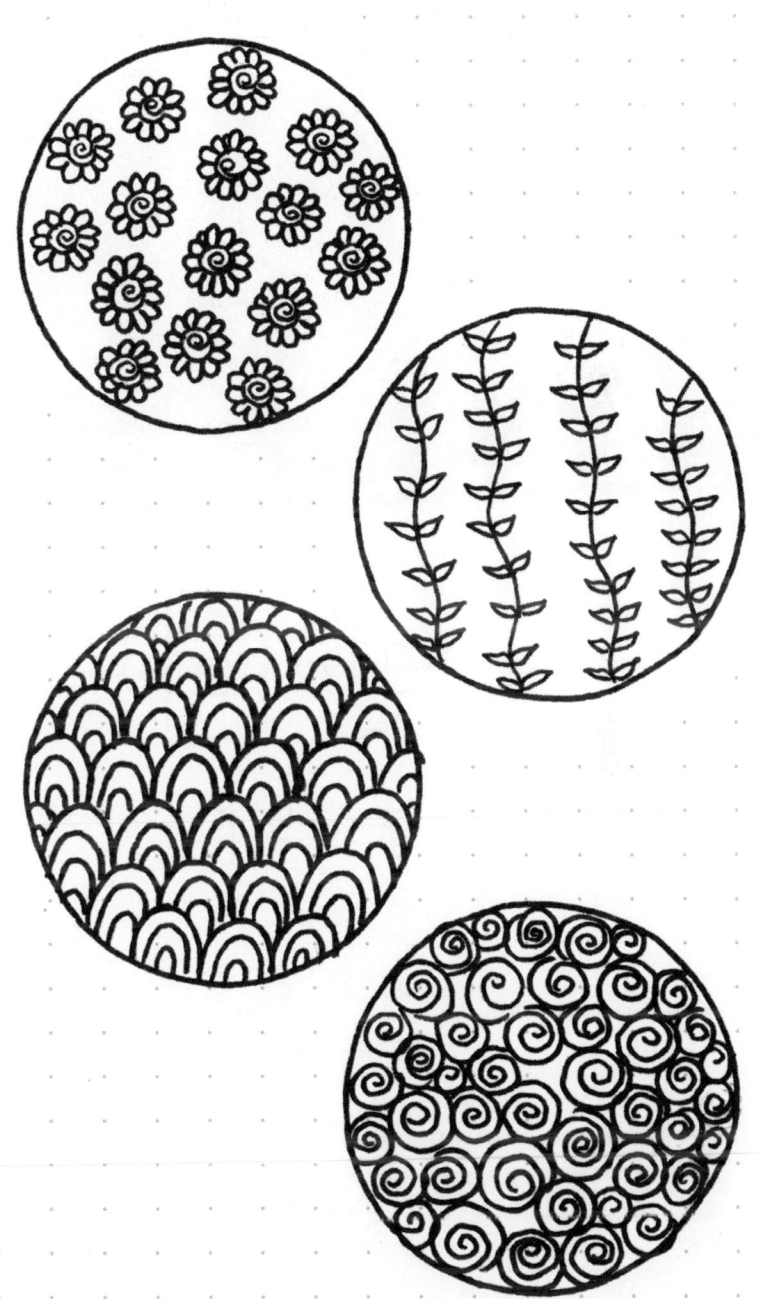

마음 속

어린아이를 깨워 봐

땡땡이 무늬라고 하잖아. 물방울 무늬 말이야.
갖가지 색으로 그려 보자.

아이처럼
지그재그로 뛰어 볼까.
크고 작은
지그재그로
이곳을 채워 봐.

이 책 표지를 새로 디자인해 볼래?

아래 그림이 뭘로 보이니?
네가 생각하는 걸 그려 봐.

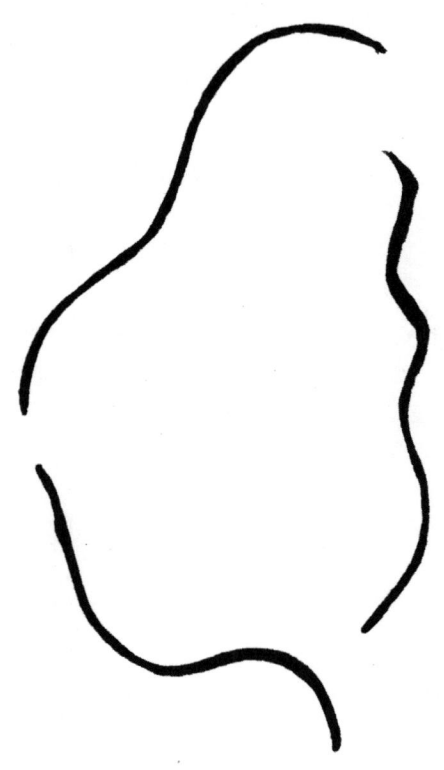

근육맨의 팔에 어떤 문신이 어울릴까?

그냥 딱 떠오르는 것을 끄적여 봐.

특이하다고 생각하는 모양을 그려 볼래?
여기 있는 올록볼록한 모양을 그려도 좋아.

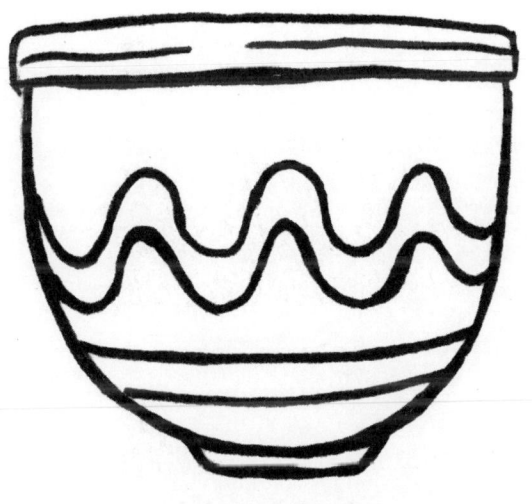

화분에 선인장을 심을 건데,
어떤 선인장이면 좋을까?

혹시 불쾌하고 짜증나고 그러니?
네 마음을 어지럽히는 '화'라는 감정을 모양과 무늬로 보여 줘.

자, 이제 숨 쉬어.

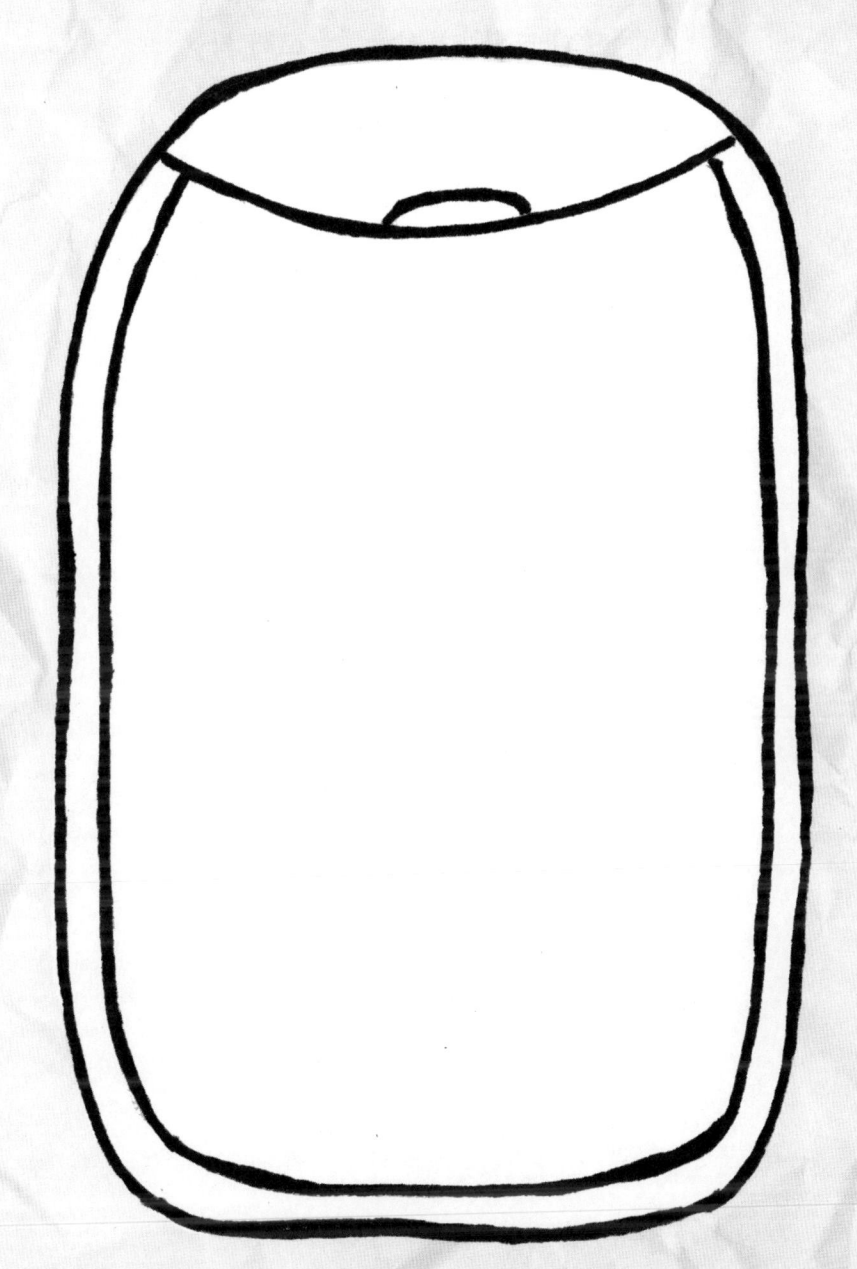

하늘을 나는 비행기 안에 있다고 상상해 봐.
창문 밖 풍경은 어떨 것 같아?

페이지 가득 넘실대는 물결을 그려 봐.

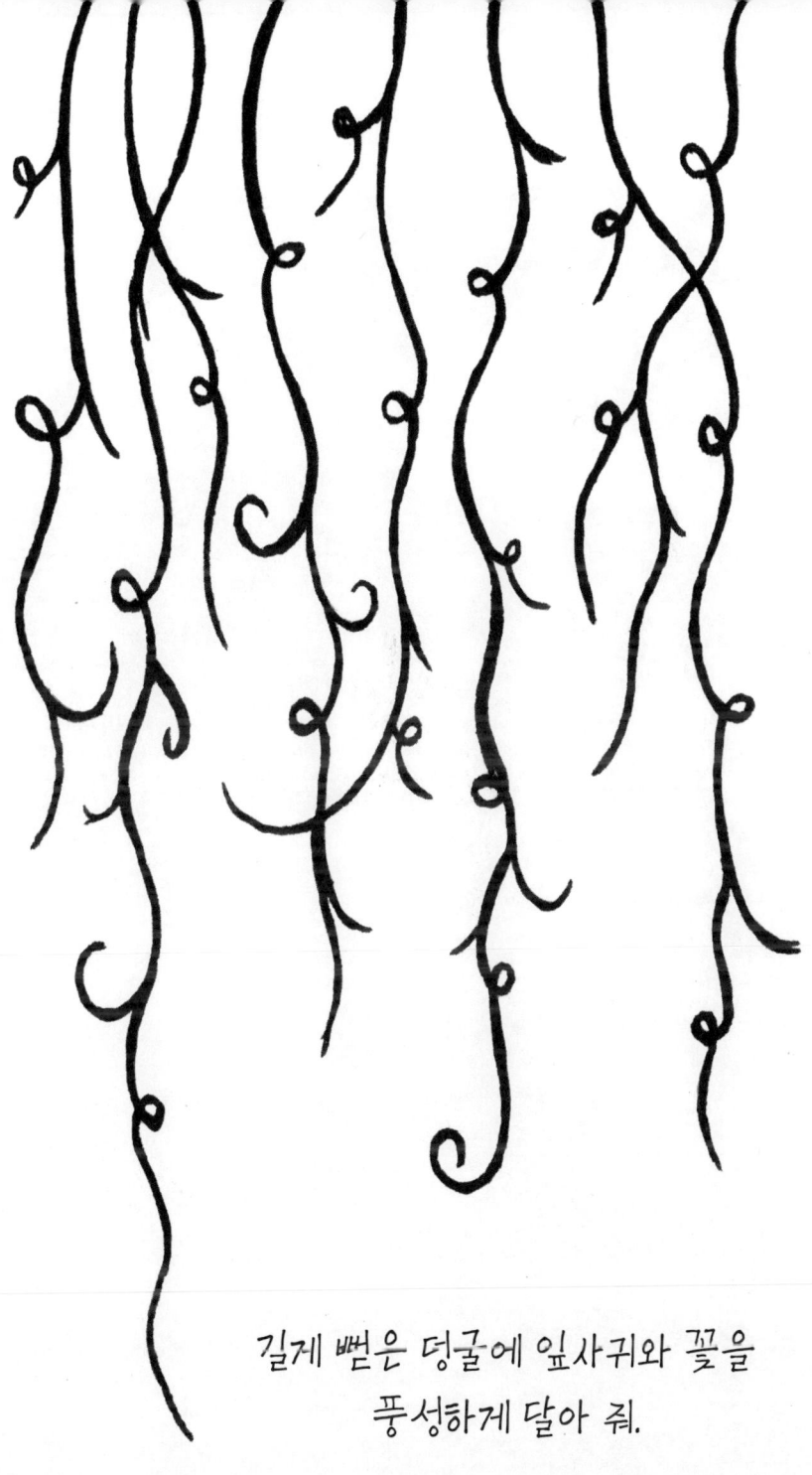

길게 뻗은 덩굴에 잎사귀와 꽃을
풍성하게 달아 줘.

요즘 네가 입고 싶은 옷은
어떤 스타일이야?
그림으로 보여 줘.

작고 귀여운 수선화로 이곳을 가득 꾸며 봐.

어릴 적 가을 운동회 때 흩날리던
알록달록한 깃발을 그려 볼래?

나비 날개에 아름다운 무늬를 새겨 줘.

아직 날개를 달지 못한 세 마리 나비에게
예쁜 날개를 선물해 주자.

여기를 거미줄로 가득 채워 봐.

마네킹마다
다른 헤어스타일을
선보여 줘.

가로선, 세로선, 사선, 곡선 등 갖가지 선을 서로 만나게 그어 봐. 선이 만나면서 면이 만들어졌을 거야. 더 짧은 선으로 면을 채우면 끝.

네가 키우고 싶은 물고기를 어항 속에 그려 봐.

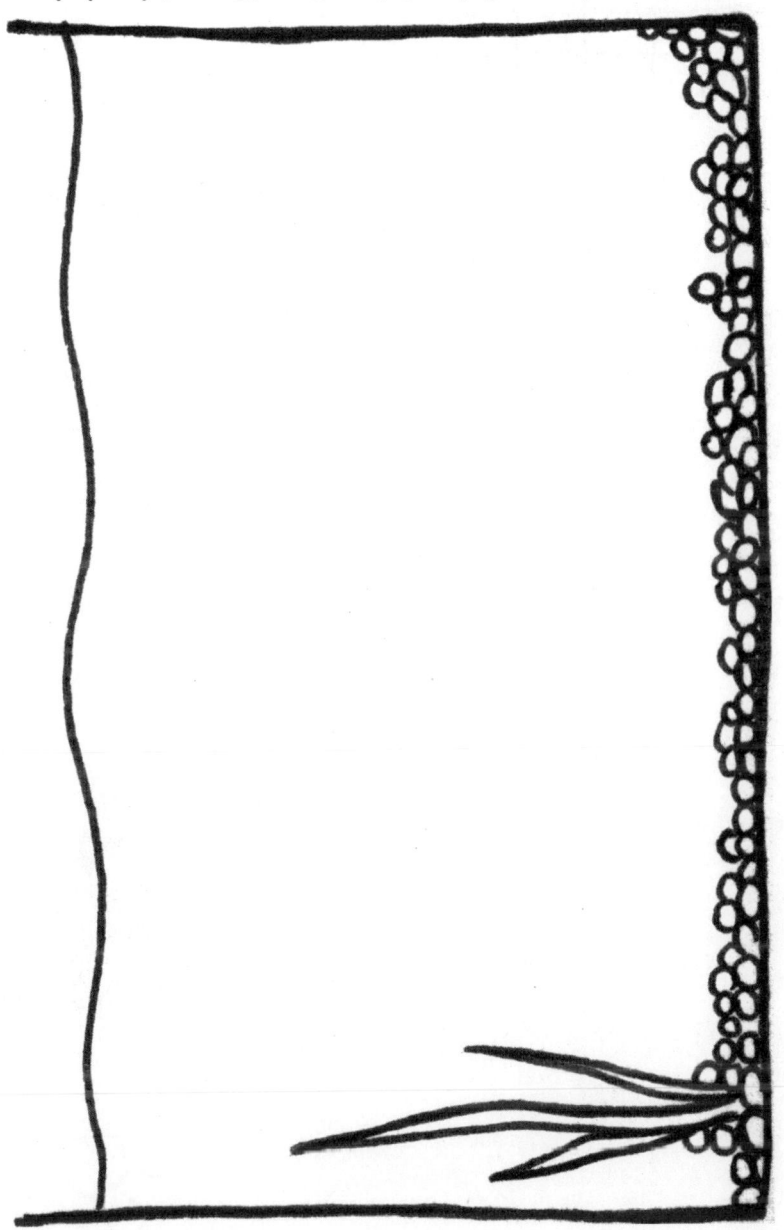

이 도시에 건물을 더 한다면 어떤 건물을 올리고 싶니?

태양은 과연 어떤 모양일까?
나는 아래에 하나 그렸어. 네가 생각하는 태양을 그려 봐.

감정에 지지 말고

너를 보여 줘

이런 모양도 꽃이 될 수 있을까? 네가 꽃으로 만들어 줘.

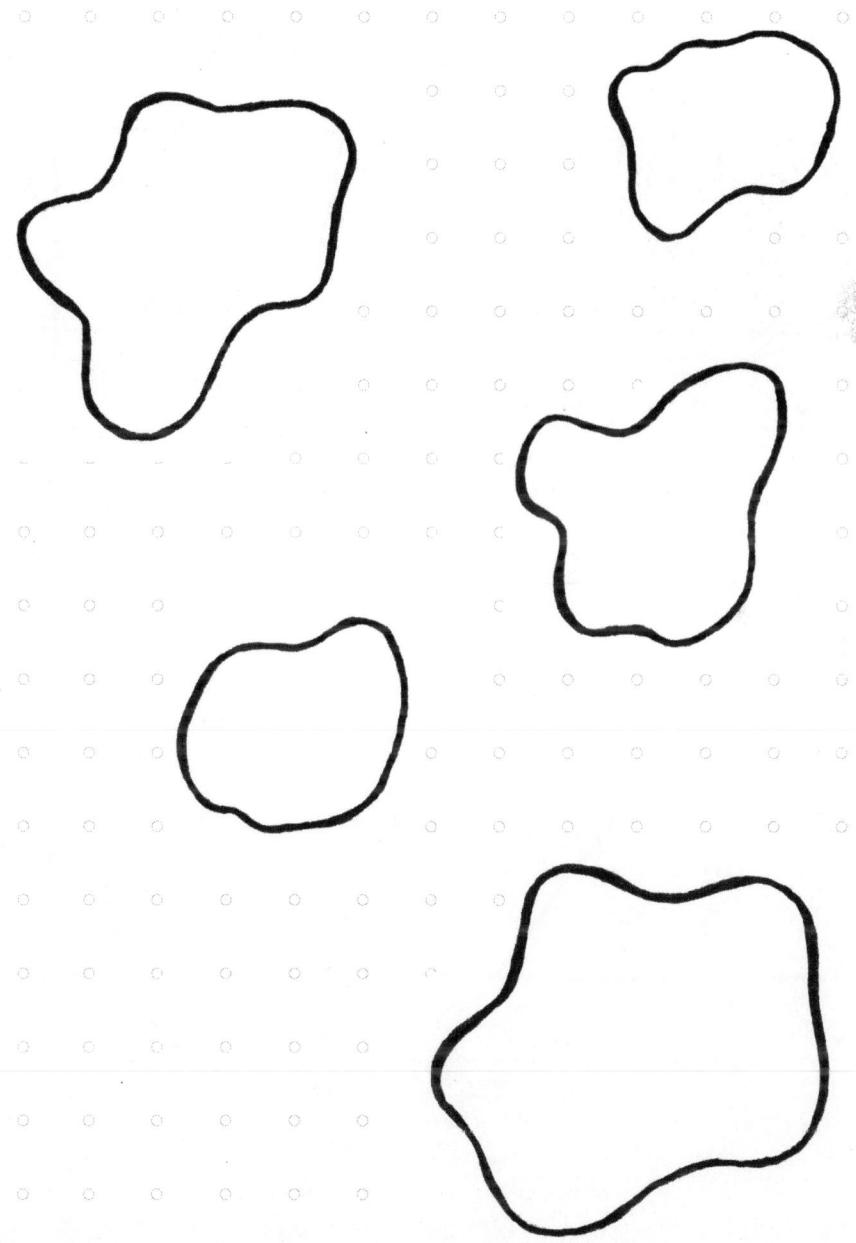

꽃 테두리를 따라 점점 크게 그려가면서
한 칸 한 칸 모두 채워 봐.

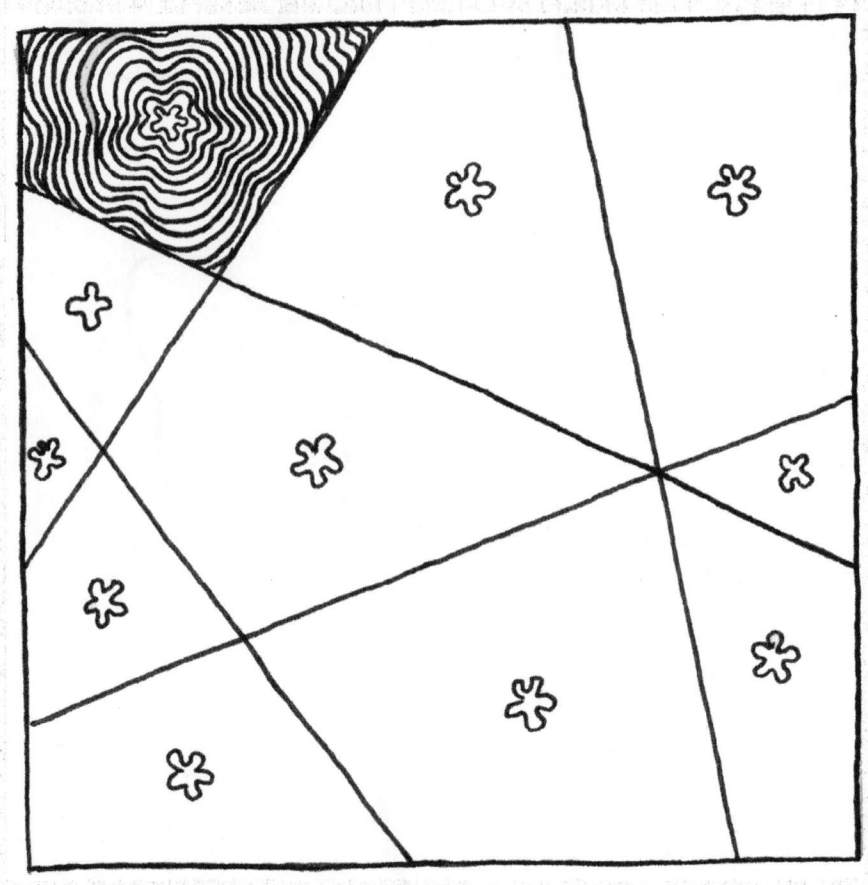

겹마다 다른 색을 입혀 보는 건 어때?

민들레 홀씨를 달아 줘.

구불구불한 이런 선도 그림이 될 수 있을까?
네가 한번 멋지게 변신시켜 볼래?

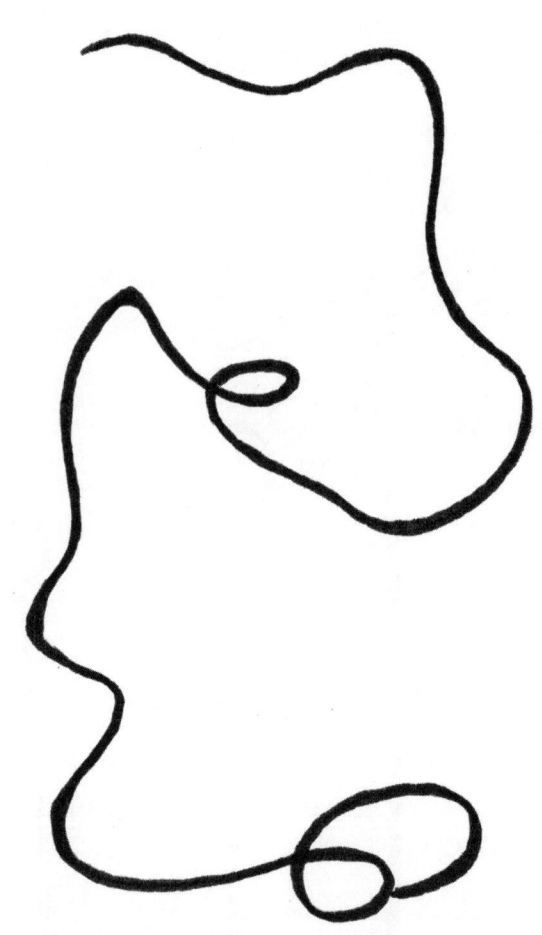

달콤한 컵케이크로 이곳을 채워 줘.

작은 배가 둥둥 떠다니도록 배 아래 물결을 그려 줘.

갑자기 소나기가 내리네.
우산을 챙겨오길 얼마나 잘했는지.
우산에 떨어지는 빗줄기를 그려 줄래?

 평소 눈여겨 봐둔 멋진 스타일의 집들을 여기에 그려 볼래?

바오밥 나무처럼 특이한 모양을 띤 나무로 숲을 만들어 보자.

당 떨어졌을 땐 달달한 막대사탕이지. 원하는 만큼 가득 그려 봐.

문양을 순서에 따라 천천히 그려 봐. 9개 칸 모두 차도록!

굵은 선과 가는 선으로 이곳을 자유롭게 채워 줘.

커다란 꽃 한 송이를 그려 보자. 동그라미 테두리를 따라 작은 꽃잎을 그리기 시작해 점점 큰 꽃잎을 덧붙이는 거지.

다음 모양을 사용해 새로운 문양을 만들어 봐.

 해바라기로 가득찬 꽃밭을 그려 줘.

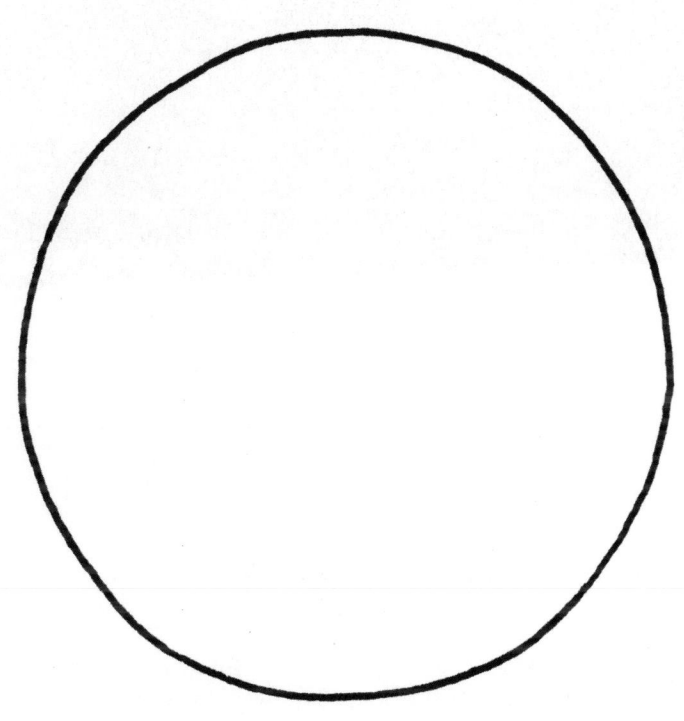

현관문에 꽃 리스(wreath, 화환)를 걸려고 하는데 네가 근사하게 만들어 줄래?

마음도 브레이크가 필요해

쪼그만 물건 아무거나 여기에 그려 봐.

눈이 번쩍 뜨이는
강렬한 무늬의
양말을
디자인해 봐.

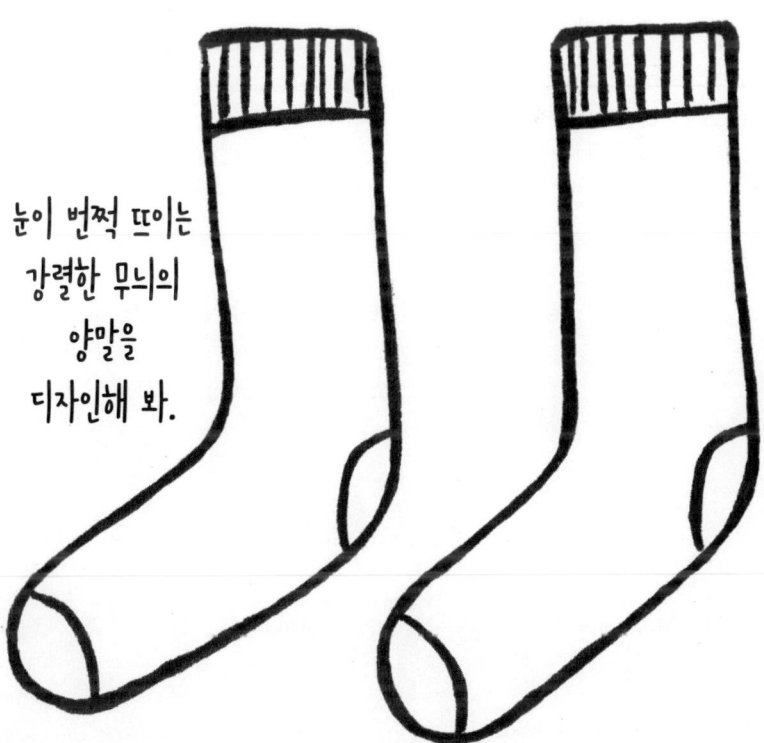

지금 여기에서만큼은 미친듯이 낙서를 하시라.

커다란 무지개를 띄워 보자. 새로운 띠를 추가하면서 멋진 무늬도 넣는 거야.

하늘 좀 봐. 어떤 구름이 보이니? 여기에 그려 줘.

이 책 아무데나 펴서 미니 파인애플을 그려 놓고 오자. 잠깐! 먼저 여기에 연습삼아 그려 보는 게 좋겠지?

여름하면 떠오르는 거 아무거나 그려 봐.

축하 자리에 종이 꽃가루가 빠질 수 없지!
온갖 색깔의 색종이 조각을 가득 그려 보자.

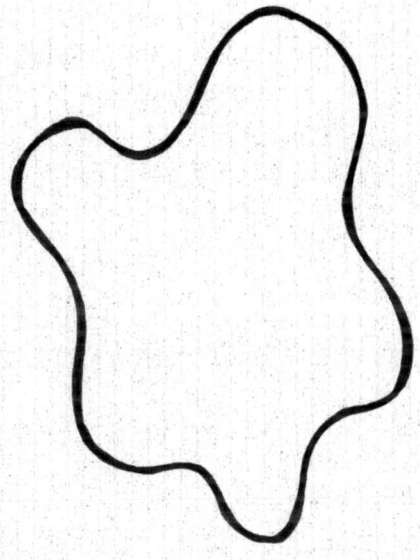

정체불명의 그림을 새로운 뭔가로 창조해 봐.

알록달록한 구슬을 유리병 뚜껑에
닿을 때까지 잔뜩 넣어 보자.

왕방울 눈, 가자미 눈,
쌍꺼풀 눈, 무쌍 눈, 감은 눈,
졸린 눈, 검은 눈, 파란 눈…
세상 모든 눈을 여기에 모아 봐.

라벤더로 가득찬 정원을 그려 봐.

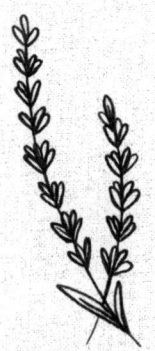

파란색 물건을 찾아 여기에 그려 봐.

다양한 스타일의 콧수염을 소개해 줘.
가령, 초현실주의 화가 달리의 콧수염도 그릴 수 있겠지.

편안한 음악을 들으면서 아래 문양을 마음껏 그려 봐.

너만의 지폐와 동전을 만들어 봐.

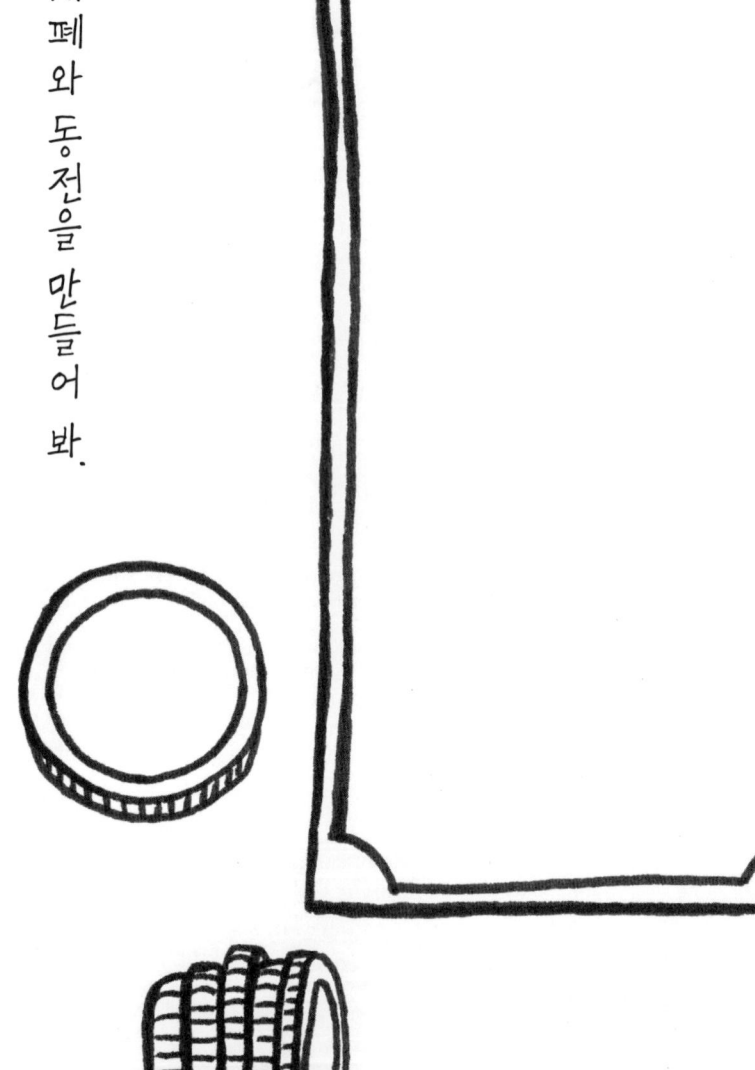

작고 귀여운 막대인간 Stick Man을 그려 볼래? 졸라맨을 떠올리면 돼.
개성 있는 막대인간을 많이 그려 줬으면 좋겠어.
모자, 가방, 신발 등으로 변화를 주는 거지.

내일 걱정은

넣어 둬

입으면 기분까지 좋아지는
티셔츠를 디자인해 봐.

이 패턴을 계속 이어서 그려 봐. 색칠까지 하면 더 크고 화려해지겠지?

이건 너의 보물 상자야. 여기에 무엇을 넣을지 그려 줘.

자유를 그림으로 표현해 줄래? 어떤 모양이든 상관없어.

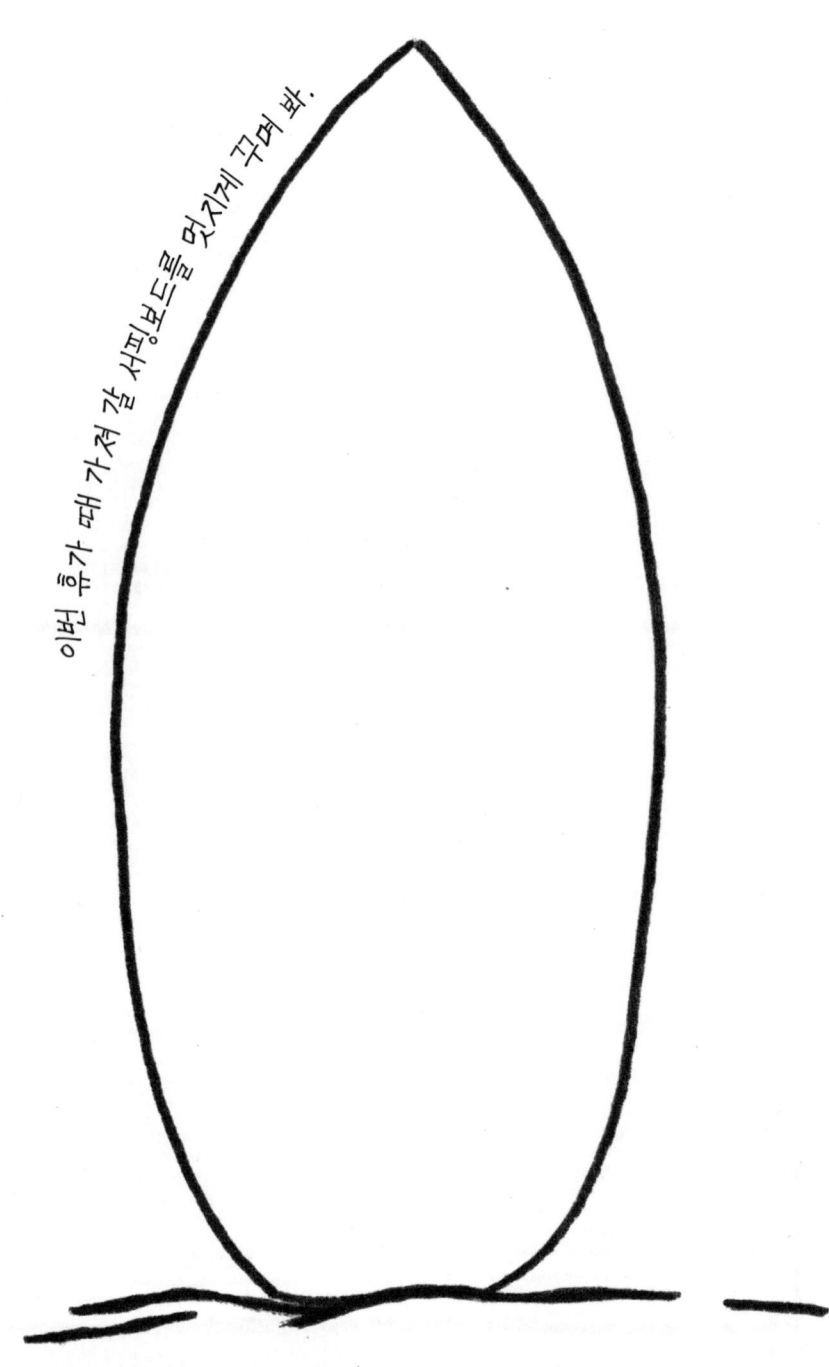

어머, 다락방이 거미로 가득하잖아.

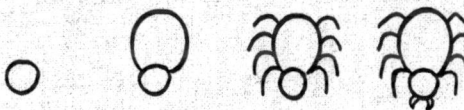

 옆의 꽃 무늬로 이 페이지 전체를 수놓아 봐.

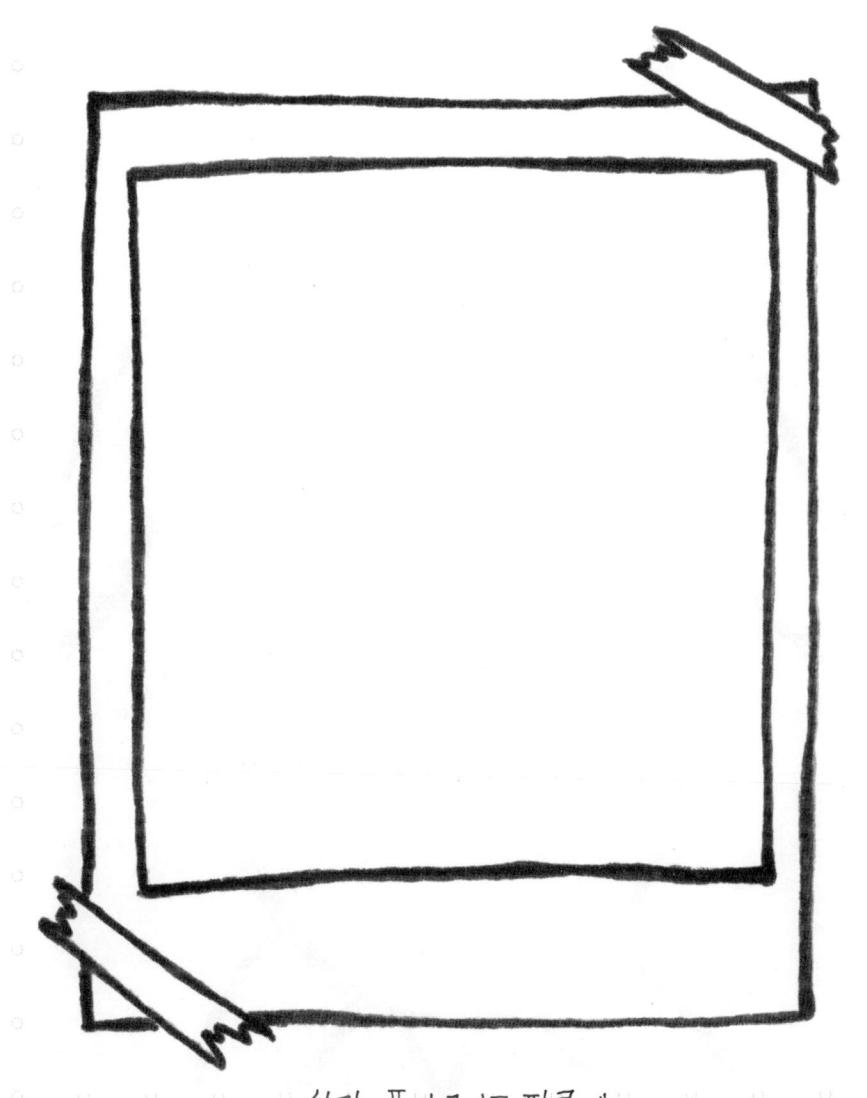

찰칵. 폴라로이드 필름에
어떤 이미지가 찍혔을까?

거북이 등에 멋진 무늬를 새겨 줘.

너의 최애 필기구를 그려 줘.

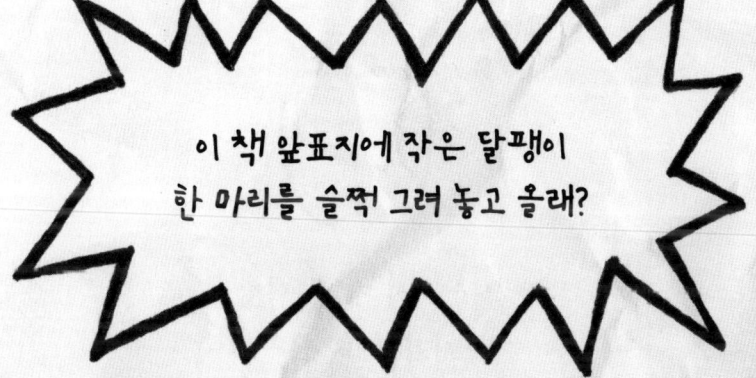

이 책 앞표지에 작은 달팽이
한 마리를 슬쩍 그려 놓고 올래?

누구도 발견하지 못한 식물종을 상상해 봐.

이 페이지 네 귀퉁이에
사과를 그려 봐.

격자판에 기하학적 무늬를 새겨 봐.

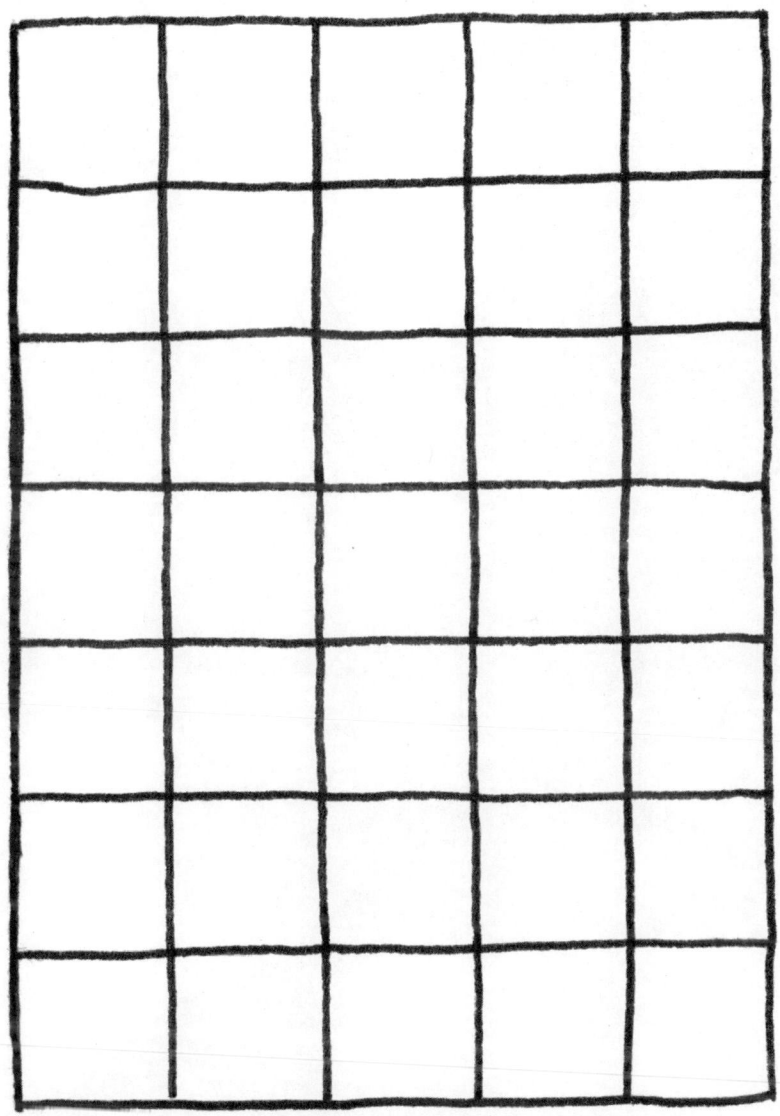

색칠도 하면 더 근사한 무늬가 될 거야.

꼬불꼬불한 선을 계속 이으며 큰 똬리를 그려 봐.

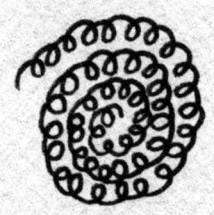

네 마음에 드는
쇼핑백으로
디자인해 봐.

전선 위에 새가 앉아 있네. 몇 마리일까? 네가 그려 줘.

이곳을 귀여운 냥이들로 가득 채워 보자.

감자 캐릭터를 창조해 보자. 얼굴과 헤어스타일을 그려 주면 돼.

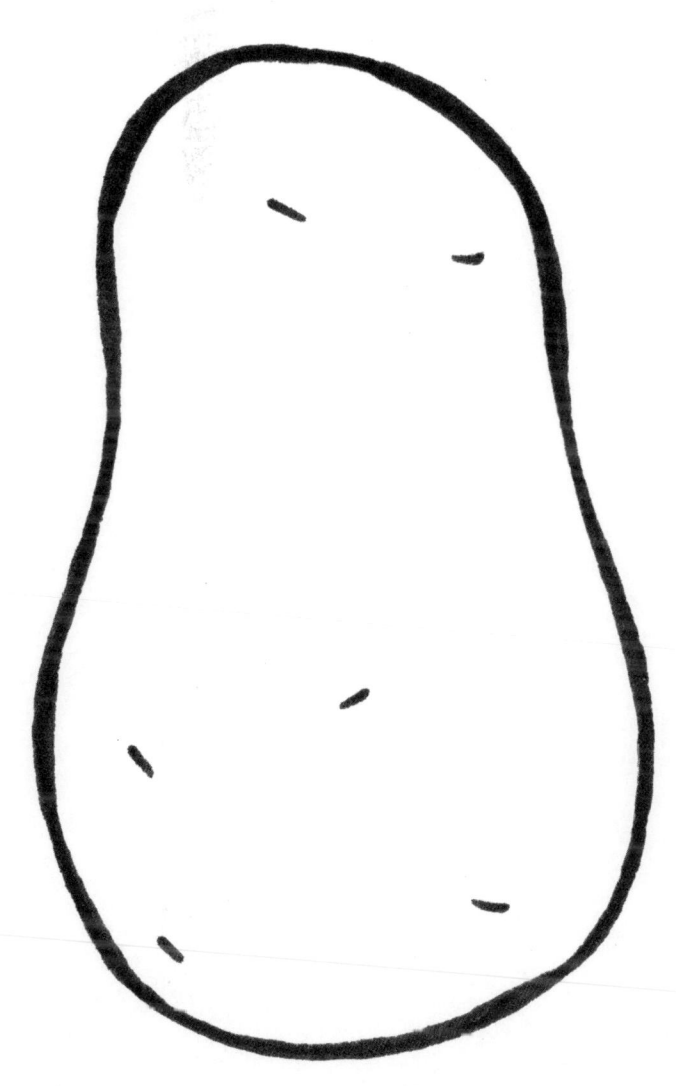

때때로 눈보다 비가 좋더라.

후두둑

떨어지는

빗방울을

그려 보자.

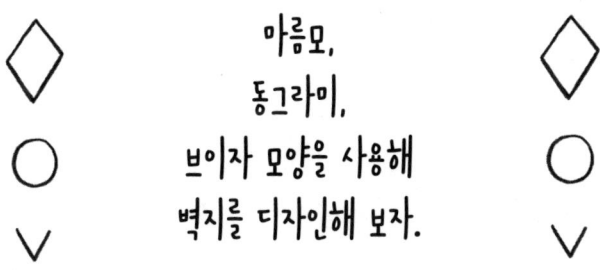

마름모, 동그라미, 브이자 모양을 사용해 벽지를 디자인해 보자.

뾰족별 테두리를 따라 겹겹이 더 크게 그려 보자.
사이사이 색칠도 하고.

옆의 문양을 페이지 곳곳에 그려 봐.
각기 다른 색으로 입히면 더 좋고.

지금 너의 호주머니 또는 가방에 있는 물건 세 개를 그려 봐.

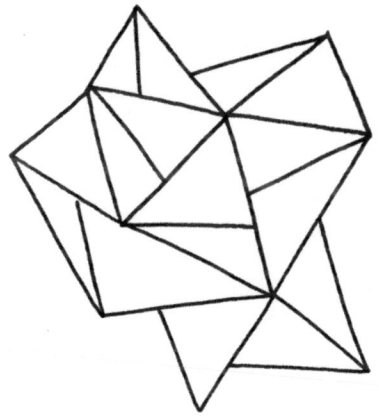

여기 무한 증식하는 삼각형이 있어. 네가 계속 이어 그려 봐.
제각기 다른 색으로 칠도 해 주고.

거실 바닥에 러그를 깔 거야.
독특한 무늬로 디자인해 줄래?

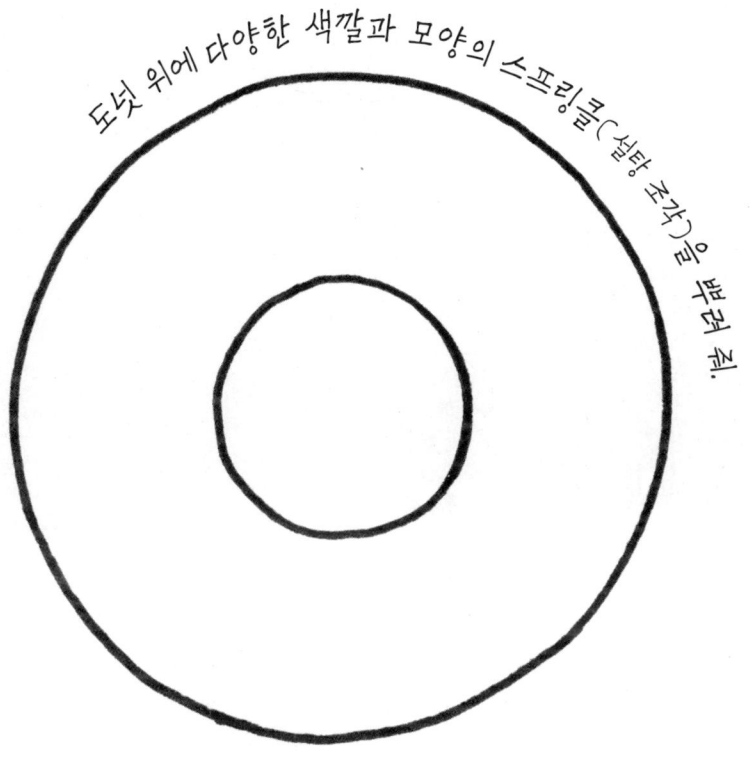

도넛 위에 다양한 색깔과 모양의 스프링클(설탕 조각)을 뿌려 줘.

위쪽으로 살금살금 올라가는 누가 있다면 말해 줘!

돌아보면

아무것도 아닌 일들

동그라미 꽃 안에
제각기 다른 문양을 그려 봐

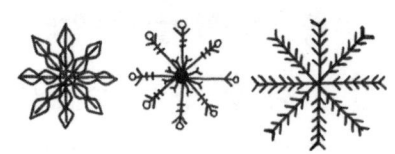

각기 다른 눈 결정 모양을 그려 봐.

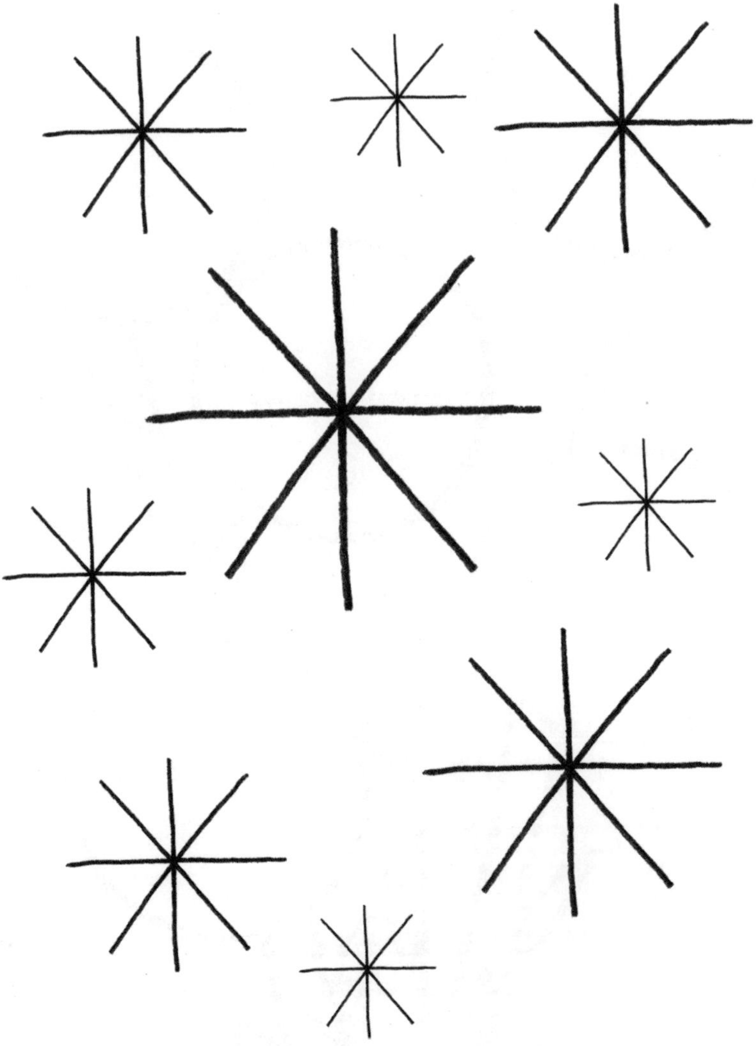

광선이 사방으로 뻗치는 태양을 그려 보자.
네모 가장자리까지 닿는 맹렬한 햇빛을 그려 보자.

새로운 이모티콘을 디자인해 봐.

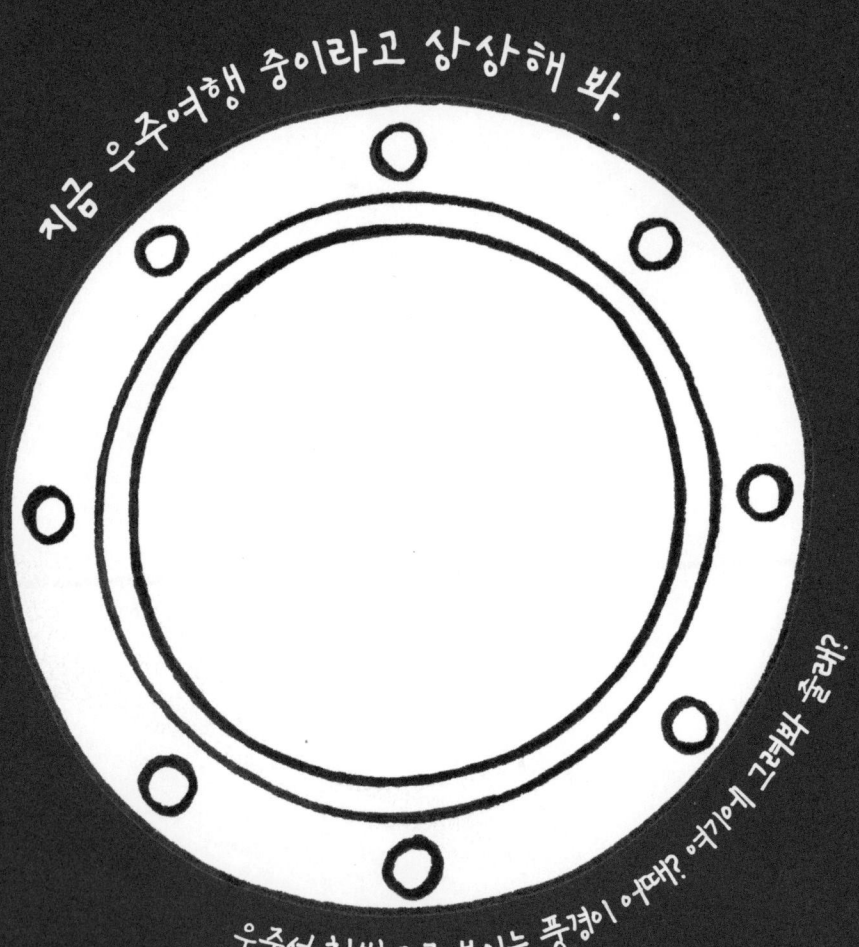

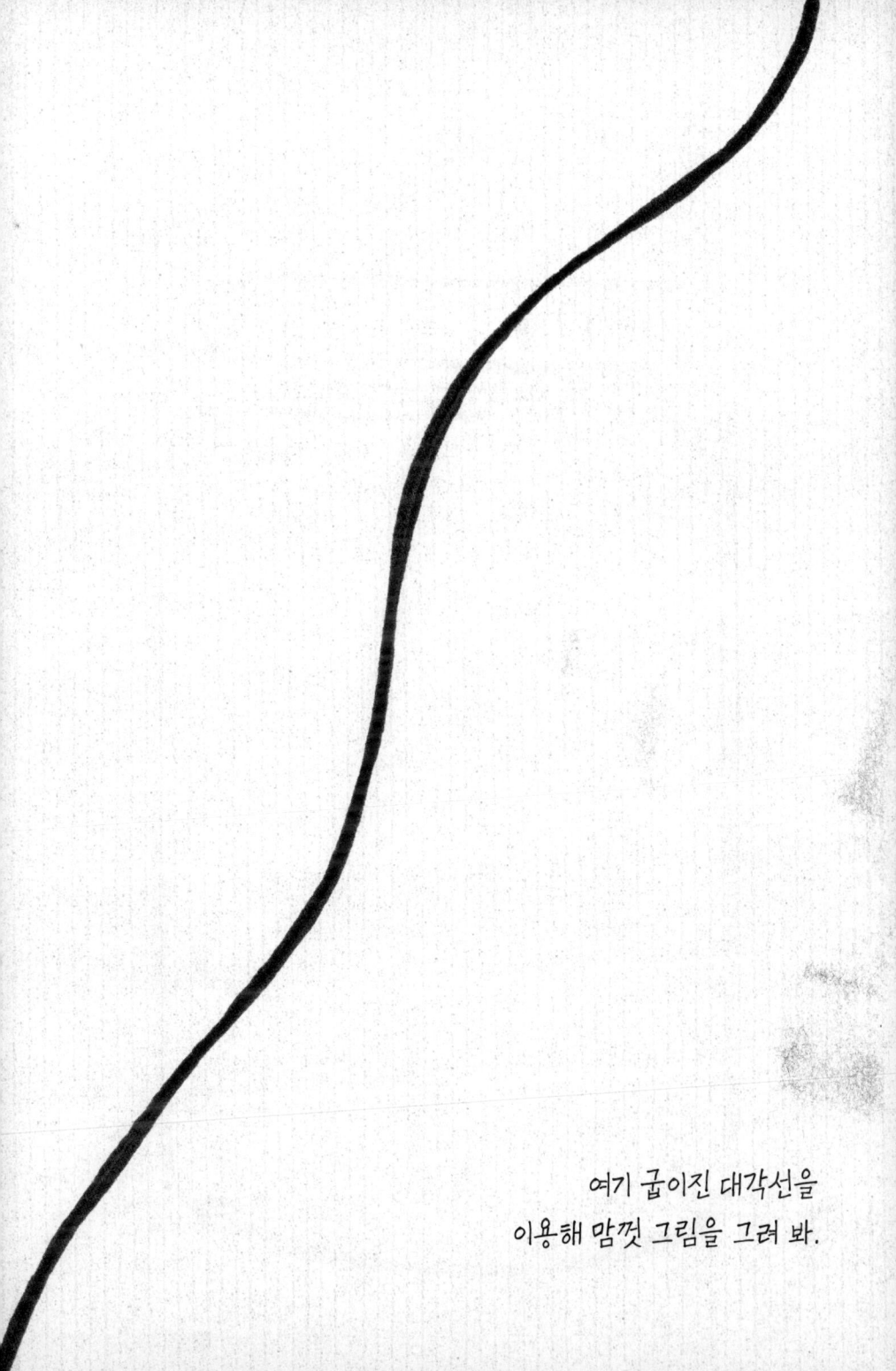

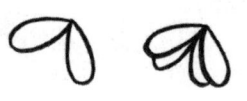  반딧불이로 병을 채워서
마음까지 환히 밝혀 줘.

보물을 어디에 숨길까? 너만의 보물지도를 그려 봐.

아름다운 조각보를 만들어 보자. 각 조각마다 문양을 넣어 줘.

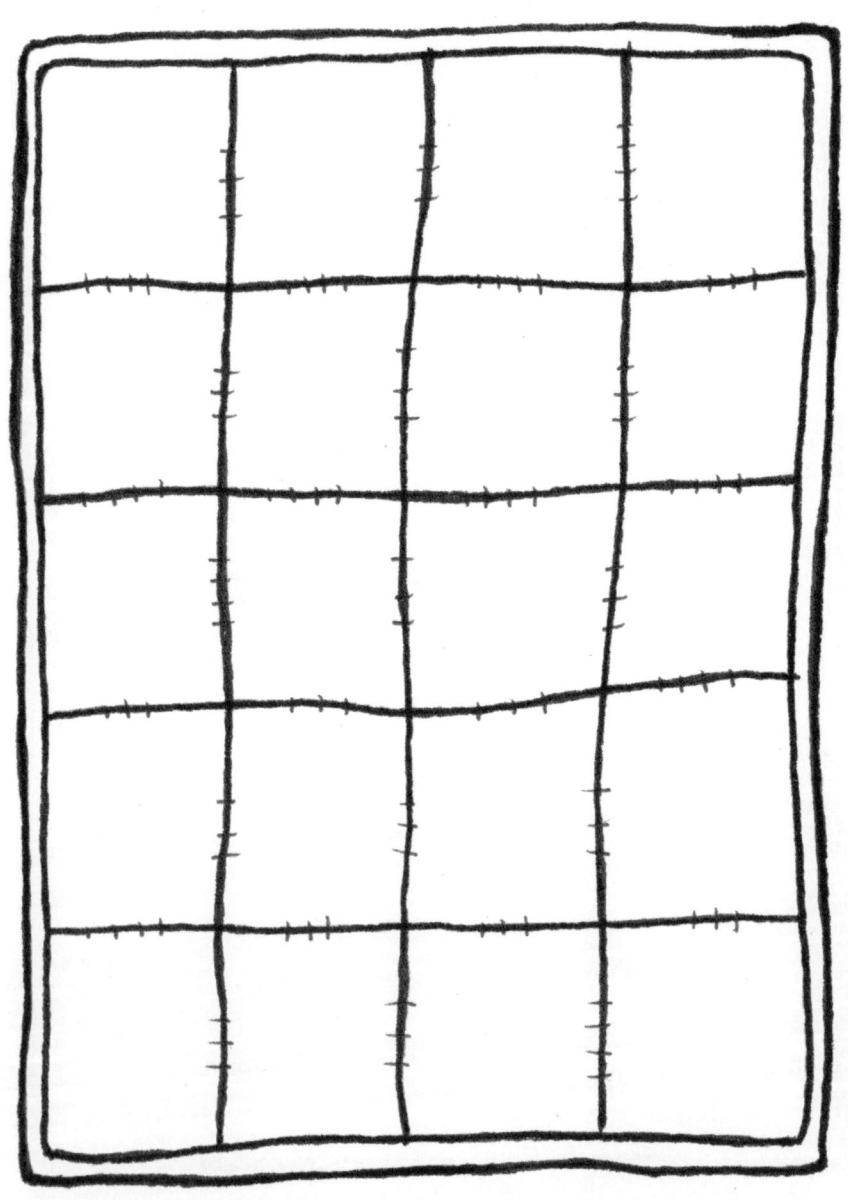

갖가지 색깔의 젤리로 이 페이지를 채워 줘.

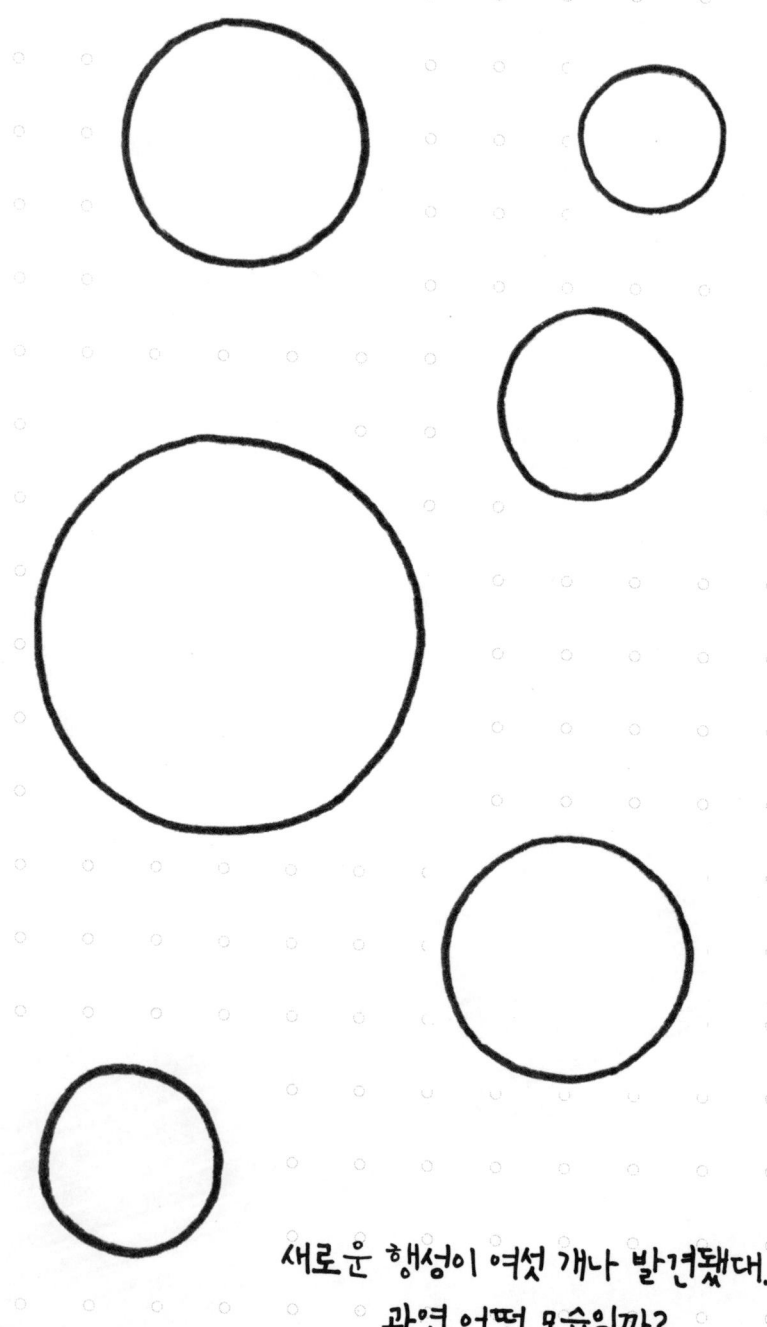

새로운 행성이 여섯 개나 발견됐대.
과연 어떤 모습일까?

앗, 끈을 놓쳤네! 끈을 매단 채 날아오르는
다양한 모양의 풍선을 그려 봐.

네가 아는 모든 채소를 여기에 그려 볼래?

침대 옆에 둘 램프를 디자인해 봐.

이곳을 네잎 클로버로 가득 채워 보자.

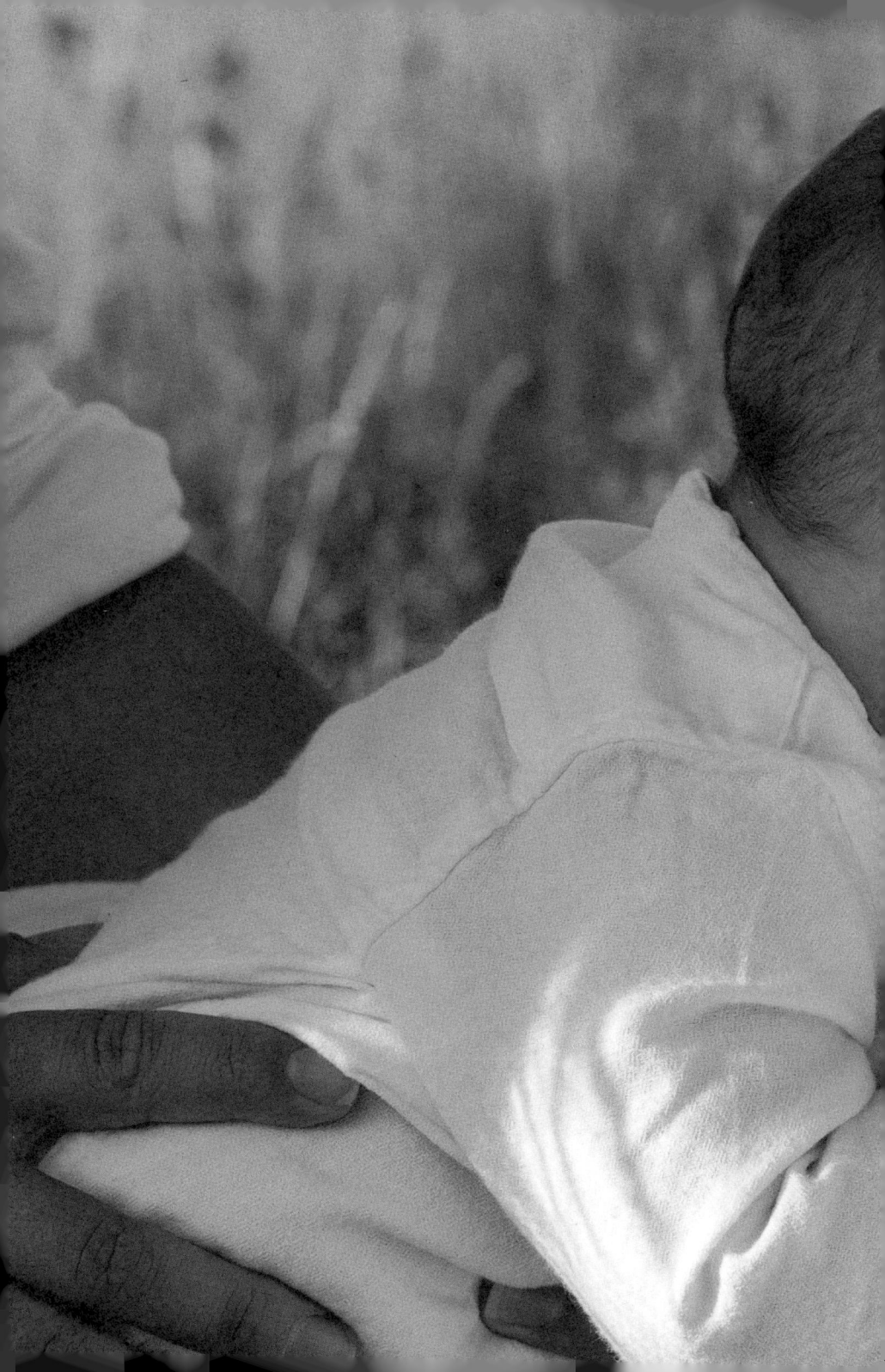

건너편 아파트 창문으로 사람들 모습이 보여.
방에서 저마다의 일을 하는 사람들을 그려 봐.

갓 태어난 아기 기린에게
기존의 얼룩 무늬 말고
다른 무늬를 만들어 주자.

이 페이지 테두리를 따라 행진하는 아기 거북이들을 그려 줘.

이 문장을 덩굴로
감싸 봐.

이 문양으로 여기를 채우고 서로 연결해 봐.

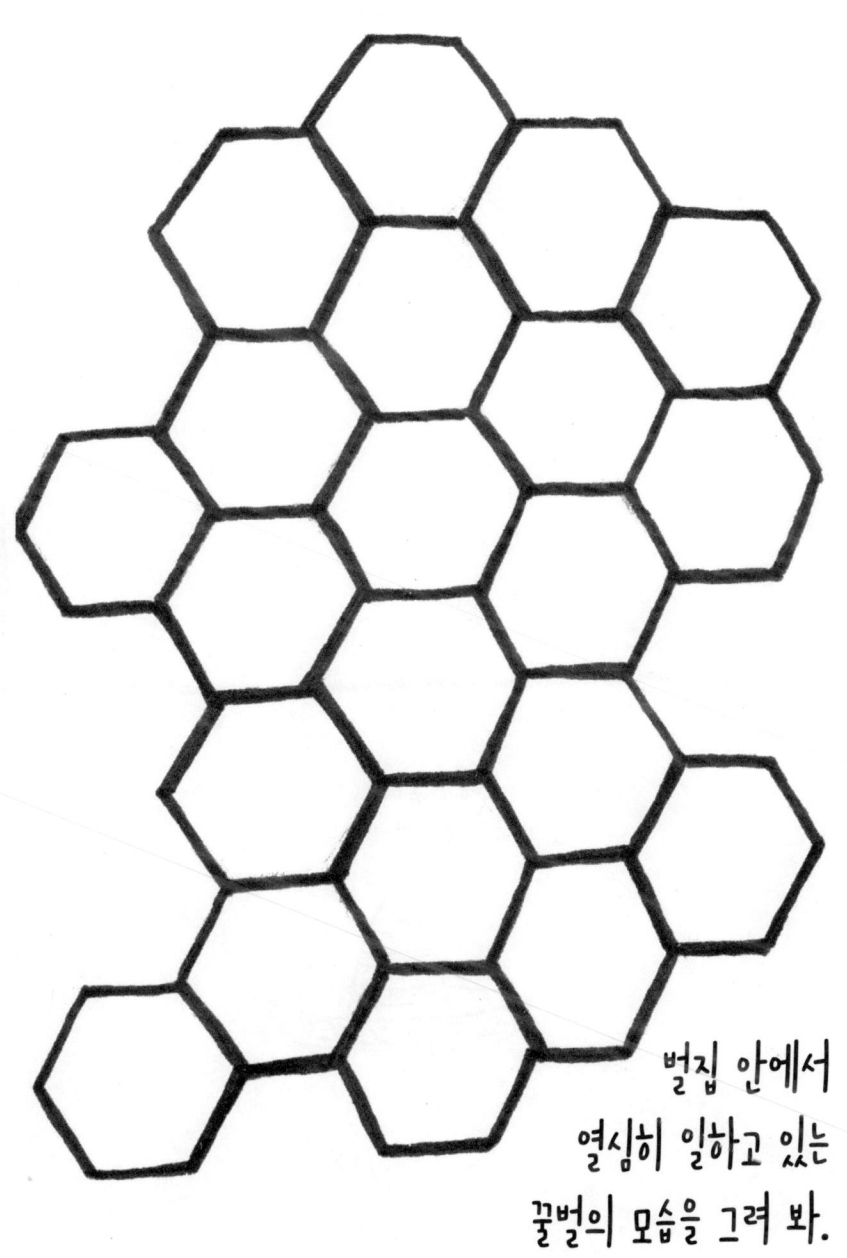

벌집 안에서 열심히 일하고 있는 꿀벌의 모습을 그려 봐.

숫자로만 만들어진 패턴을 그려 봐.

페이지 귀퉁이에 솜브레로(멕시코 모자)를 쓴 사람을 자그맣게 그려 넣어 줘.

여기저기에 다이아몬드를 뿌려 봐.

 장난꾸러기 강아지가 물감 묻은 발로 사방을
돌아다녔나 봐. 발자국을 그려 줘.

하늘 가득 가지각색의 연들이
펄럭이는 광경을 그려 봐.

다른 세계로 통하는 문이 있다면 어떻게 생겼을까?
상상해서 한번 그려 봐.

지금 너의 기분을 보여 주는 이미지나 문양을 그려 줘.

네모 가장자리장자리에서 시작해서 반대편 끝까지 닿는 선들을 그려 봐. 네모가 꽉 찰 때까지.

너의 **이름을** 다양한 서체로 써 봐.
굵기, 크기, 간격도 달리해 보고 장식을 둘러도 좋아.

여러 모양과 빛깔의 사탕으로 단지 가득 채워 줘.

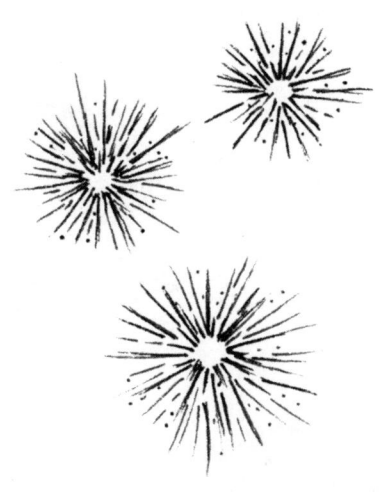

큰 불꽃, 작은 불꽃, 빨간 불꽃, 파란 불꽃…
밤하늘을 수놓는 불꽃의 향연을 보여 줘.

다음 문양을 따라 그려 봐.

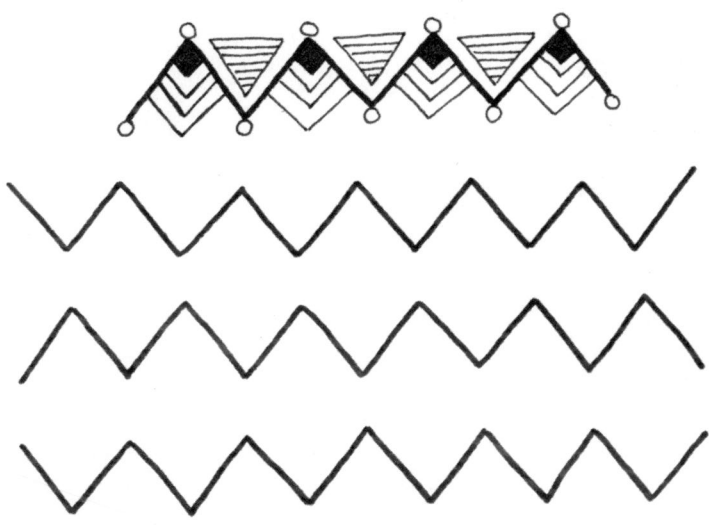

옆의 문양을 따라 그려 봐.

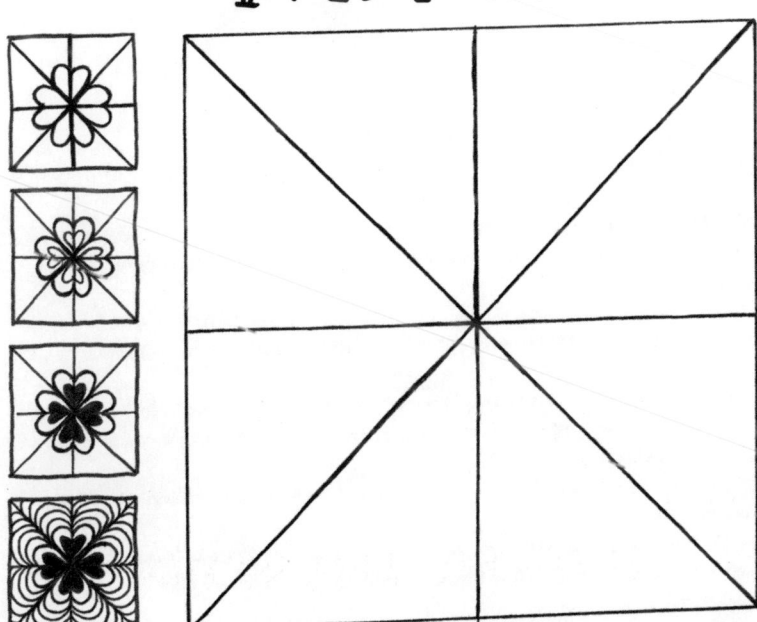

제가 준비한 게 더 있답니다. 들어와 보세요.

본문 사진저작권 표기

'마음 속 어린아이를 깨워 봐'… 22쪽 পাপৱিৰৱা, CC BY-SA 4.0, via Wikimedia Commons 23쪽 Jeremy Hynes via Unsplash 24쪽 kitty.green66, CC BY-SA 2.0, via Wikimedia Commons 25쪽 Christopher Michel, CC BY 2.0, via Wikimedia Commons

'감정에 지지 말고 너를 보여 줘'… 45쪽 Jason Buscema via Unsplash 46~47쪽 Jordan Condon, CC BY 3.0, via Wikimedia Commons 48~49쪽 Luke Hooper, CC BY-SA 4.0, via Wikimedia Commons 50쪽 Jonatan Pie via Unsplash

'마음도 브레이크가 필요해'… 67쪽 Green.book, CC BY-SA 4.0, via Wikimedia Commons 68쪽 Ksenia Makagonova via Unsplash 69쪽 Ruth Hartnup from Vancouver, Canada, CC BY 2.0, via Wikimedia Commons 70쪽 Lola Guti via Unsplash

'내일 걱정은 넣어 둬'… 90쪽 Jayden Wong via Unsplash 91쪽 Chirill Ceban via Unsplash 92~93쪽 Jason Leung via Unsplash

'돌아보면 아무것도 아닌 일들'… 121쪽 Frank Shepherd, CC BY-SA 2.0, via Wikimedia Commons 122~123쪽 Ionela Mat via Unsplash 124~125쪽 Dean Wissing, CC BY-SA 2.0, via Wikimedia Commons 126쪽 Edward Go via Unsplash